...für Kinder erzählt

In der gleichen Reihe sind bisher erschienen:

Die Erde von oben für Kinder erzählt

Das Meer für Kinder erzählt

Vulkane für Kinder erzählt

Die Zukunft unserer Erde für Kinder erzählt

Die Tiere Afrikas für Kinder erzählt

Die Welt der Vögel für Kinder erzählt

Kinder in fernen Ländern für uns erzählt

Pferde für Kinder erzählt

Leuchttürme für Kinder erzählt

Wilde Tiere für Kinder erzählt

Die Sahara für Kinder erzählt

Die Raumfahrt für Kinder erzählt

Die Arktis für Kinder erzählt

Feste in fernen Ländern für Kinder erzählt

Schiffe für Kinder erzählt

Die Wunder der Welt für Kinder erzählt

Die Landwirtschaft in aller Welt für Kinder erzählt

Deutschland von oben für Kinder erzählt

Katzen für Kinder erzählt

Die Fischerei in aller Welt für Kinder erzählt

Die Antarktis
für Kinder erzählt

Bibliografische Information Der Deutschen Nationalbibliothek
Die Deutsche Nationalbibliothek verzeichnet diese Publikation in der Deutschen Nationalbibliografie;
detaillierte bibliografische Daten sind im Internet unter http://dnb.d-nb.de abrufbar.

Titel der Originalausgabe: *Le Pôle Sud raconté aux enfants*
Erschienen bei Éditions de La Martinière SA, Paris 2008
Copyright © 2008 Éditions de La Martinière SA, Frankreich

Deutsche Erstausgabe
Copyright © 2008 von dem Knesebeck GmbH & Co. Verlags KG, München
Ein Unternehmen der La Martinière Groupe

Umschlaggestaltung: Gudrun Bürgin
Satz: satz & repro Grieb, München
Druck: Proost, Turnhout
Printed in Belgium

ISBN 978-3-89660-503-0

Alle Rechte, insbesondere das Recht der Vervielfältigung und Verbreitung, vorbehalten.
Kein Teil des Werkes darf in irgendeiner Form (durch Fotokopie, Mikrofilm oder ein anderes Verfahren)
ohne schriftliche Genehmigung des Verlages reproduziert oder unter Verwendung
elektronischer Systeme verarbeitet, vervielfältigt oder verbreitet werden.

www.knesebeck-verlag.de

FRANCIS LATREILLE

Die Antarktis
für Kinder erzählt

Texte von
Catherine Guigon

Illustrationen von
Lucile Thibaudier

Aus dem Französischen von
Cäcilie Plieninger

KNESEBECK

Inhalt

- Der sechste Kontinent 14
- Südgeorgien: das Tor zur Antarktis 16
- Die Antarktis: eine endlose Eiswüste 18
- Kälte, Wind und Dunkelheit 20
- In sturmgepeitschter See 22
- Das Packeis im Südpolarmeer 24
- Die größten Eisberge der Welt 26
- Eine reich gefüllte Speisekammer 28
- Die Entdeckung des weißen Kontinents 30
  - Ankunft in der Antarktis 32
  - Die Pinguine der Antarktis 34
  - Der Kaiserpinguin 36
  - Die Eroberung des Südpols 38
  - Weddellrobben und See-Elefanten ... 40
  - Die Ohrenrobben 42

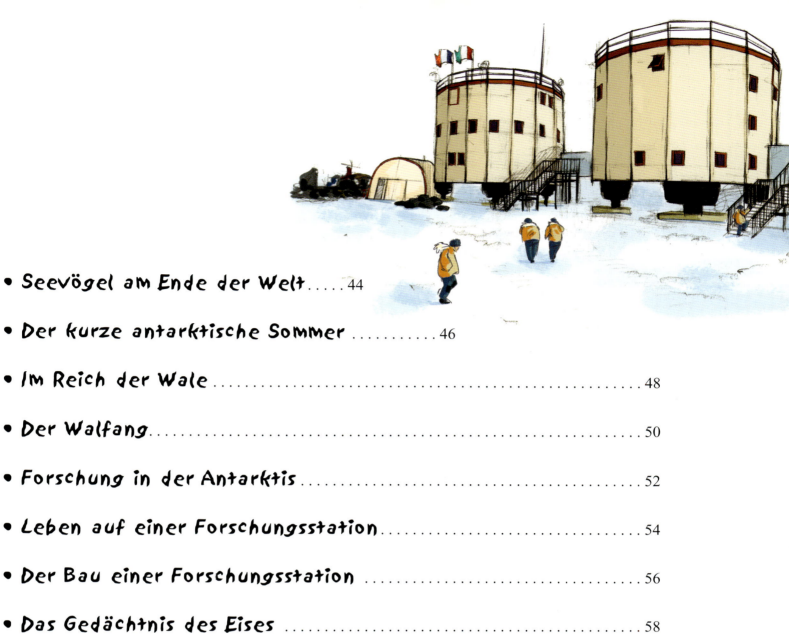

- Seevögel am Ende der Welt.....44
- Der kurze antarktische Sommer..........46
- Im Reich der Wale.................48
- Der Walfang................50
- Forschung in der Antarktis.................52
- Leben auf einer Forschungsstation.................54
- Der Bau einer Forschungsstation.................56
- Das Gedächtnis des Eises.................58
- Die Erforschung der Atmosphäre.................60
- Himmelskunde im ewigen Eis.................62
- Reisen im ewigen Eis.................64
- Quer durch die Antarktis.................66
- Schlittenhunde.................68
- Der Wasserspeicher der Erde.................70
- Touristen in der Antarktis.................72
- Die Zukunft des weißen Kontinents..........74

Francis unterwegs in der Antarktis

Von Europa aus betrachtet, liegt die Antarktis am anderen Ende der Welt. Eine Reise dorthin erfordert viel Mut. Wer den sechsten Kontinent erleben will, darf weder Einsamkeit noch Eisstürme fürchten. Francis aber ist in die unermesslich weiten Polargebiete, ihr wechselndes Licht und die gewaltigen Eisberge geradezu verliebt.

Francis hatte schon immer eine Leidenschaft für Eis und Schnee. Schon in seiner Kindheit mochte er kalte Winter und eisige Temperaturen. Als Fotograf nimmt er deshalb besonders gern Bilder von verschneiten Winterlandschaften auf.

Im Lauf der Jahre hat Francis mehrere Expeditionen zum Südpol unternommen. Eines seiner aufregendsten Abenteuer war die Transantarctica, die er 1989 bis 1990 mit dem Forscher und Arzt Jean-Louis Étienne unternahm. Zu Fuß und auf Skiern durchquerten die Expeditionsteilnehmer den weißen Kontinent von Westen nach Osten auf einer Länge von 6300 Kilometern. Begleitet wurden sie nur von Schlittenhunden. Francis machte nicht die ganze Reise mit, die insgesamt 219 Tage dauerte. Doch er stieß mehrmals zur Gruppe, indem er sich mit dem Flugzeug auf dem Eis absetzen ließ. Einmal wäre das Abenteuer fast schiefgegangen: Die alte DC6, die Francis am Fuß des Mount Wilson abholen sollte, hatte eine Panne. Der Fotograf saß vier Wochen lang in der weißen Eiswüste fest. Zum Glück hatte er Lebensmittel und ein wintertaugliches Zelt dabei, das ihn gegen die Kälte schützte. Er nahm die Wartezeit geduldig hin, unternahm lange Spaziergänge über die Gletscher und ließ sich auf seinen Langlaufskiern von seinem Eskimohund ziehen.

Im Sommer 2004/2005 kehrte Francis mit dem berühmten Forschungsschiff *Tara* noch einmal in die Antarktis zurück. Auf der Hinfahrt geriet das Schiff in einen schweren Sturm. Die Winde bliesen mit einer Stärke von 120 bis 130 Stundenkilometern, und die Wellen waren hoch wie Berge. Francis wurde seekrank. Zwei oder drei Tage lang konnte er seine Koje nicht verlassen.

Doch kaum war Francis auf dem weißen Kontinent angekommen, waren die Unannehmlichkeiten vergessen. Er fotografierte das Lichterspiel der antarktischen Mitternachtssonne, wenn die Sonne in der Nacht nicht untergeht. Das Fotografieren war in der Kälte alles andere als einfach. Die Filme werden nämlich spröde, wenn die Temperatur unter minus 25 Grad Celsius absinkt. Manchmal war es sogar unter minus 40 Grad Celsius, und Francis musste aufpassen, dass die Rollfilme beim Wechseln nicht kaputtgingen. Die modernen Digitalkameras kamen da schon besser mit den extremen Bedingungen der Antarktis zurecht.

Nach Beendigung seiner Expedition setzte Francis zur chilenischen Küste über und kehrte in die Zivilisation zurück. Unterwegs hatte er Gelegenheit, bei Kap Hoorn, der sagenumwobenen Felsenspitze im Süden des südamerikanischen Kontinents, an Land zu gehen. Früher hatten die Seefahrer große Angst vor Kap Hoorn, weil es dort oft heftig stürmt. Doch Francis hatte Glück: An diesem Tag war herrliches Wetter! Als er schließlich in der chilenischen Hauptstadt Santiago ankam, war Francis innerhalb von wenigen Tagen von einem Temperaturextrem ins andere geraten, nämlich von minus 45 auf plus 38 Grad Celsius – ein Temperaturschock, den schon so mancher Südpolfahrer erlebt hat!

Die Antarktis

Der antarktische Kontinent

Die Antarktis ist eine riesige Insel mit einer Fläche von 14 Millionen Quadratkilometern. Öde und vereist liegt sie im äußersten Süden des Erdballs. Sie ist vom Südpolarmeer umgeben, in dem sich auch einige Inselgruppen befinden, darunter die Falklandinseln, die Kergueleninseln und die Crozetinseln. All diese Inseln bezeichnet man als subantarktische Gebiete.

Das antarktische Klima

Der antarktische Kontinent liegt fast vollständig südlich des Polarkreises, der sich auf 66°33'39" südlicher Breite befindet. Südlich dieser gedachten Linie steigt die Sonne im Winter nicht über den Horizont: Dann herrscht die Polarnacht. Im Sommer, zur Zeit der Mitternachtssonne, geht sie dafür in der Nacht nicht unter. In der Antarktis ist es sehr kalt. Die Durchschnittstemperaturen reichen von minus 60 Grad Celsius im Winter bis minus 20 Grad Celsius im Sommer. Deshalb ist die Antarktis zu 98 Prozent von Eis überzogen, und ein Teil des Meeres ist ständig von Packeis, also gefrorenem Salzwasser, bedeckt.

Tiere und Pflanzen in der Antarktis

Unter diesen extremen Bedingungen wachsen keine Bäume. Lediglich einige Moose und Flechten sprießen im kurzen Sommer von Dezember bis Februar vorübergehend aus dem angetauten Boden.
Wegen der Kälte und weil es an Pflanzen mangelt, können nur sehr wenige Tiere in der Antarktis überleben. Allein die Kaiserpinguine, die besonders gut an das raue Klima angepasst sind, pflanzen sich mitten im Winter fort. Andere Meerestiere wie Seehunde, Ohrenrobben und Wale jagen im Sommer im Südpolarmeer. Dort wimmelt es nur so von Krill. Diese kleinen Krebse sind die bevorzugte Nahrung vieler Tiere. Auch Seevögel kommen in der »schönen« Jahreszeit zum Nisten in die Antarktis.

Der Mensch in der Antarktis

Bis zum 20. Jahrhundert hätte sich kein Mensch vorstellen können, sich in dieser unwirtlichen Gegend niederzulassen. Heute ist der antarktische Kontinent vor allem für die Wissenschaft interessant, und Forscher aus der ganzen Welt arbeiten dort. Manche bleiben sogar über den Winter. Sie sind in bequem eingerichteten Stationen untergebracht, in denen sie trotz der klirrenden Kälte und der Eisstürme ihren Forschungen nachgehen können.

Die Antarktis ist eine riesige Insel mit einer Fläche von 14 Millionen Quadratkilometern. Öde und vereist liegt sie im äußersten Süden des Erdballs.

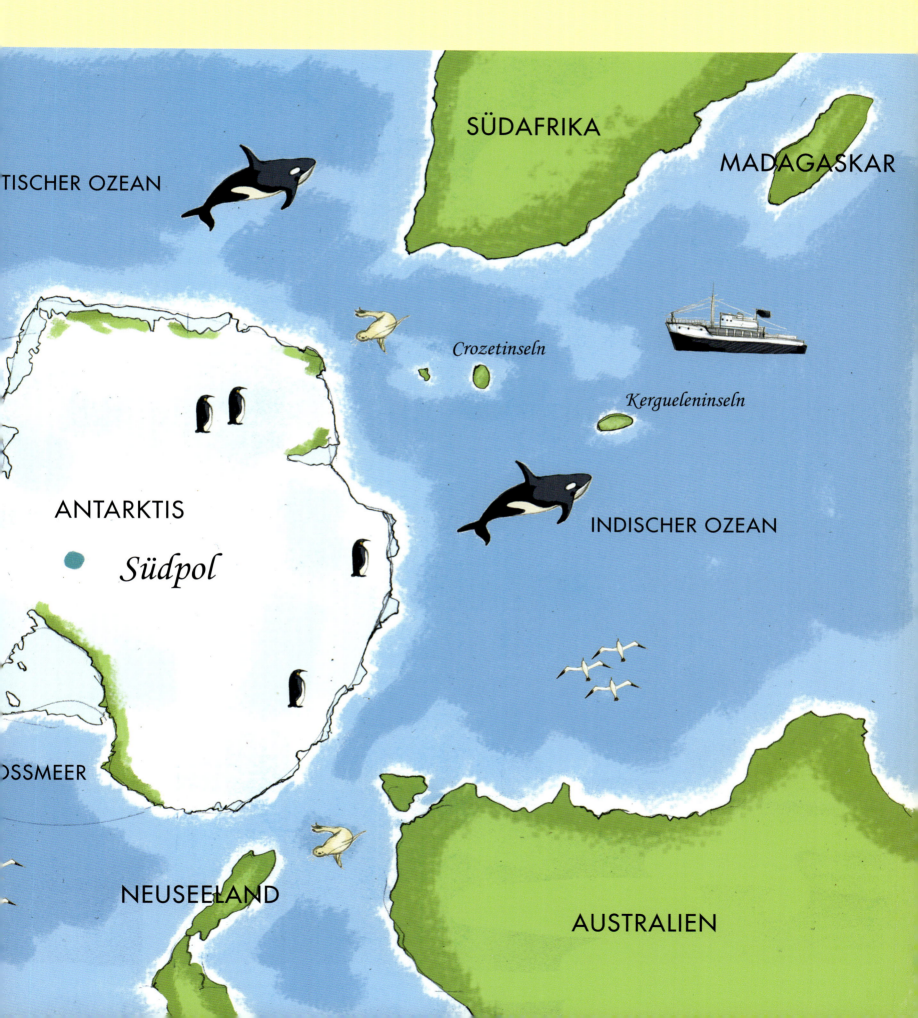

Der sechste Kontinent

Früher fürchteten sich die Seefahrer vor Kap Hoorn, der Felsenspitze im äußersten Süden des südamerikanischen Kontinents, wo der Pazifik und der Atlantik ineinanderfließen. Oft toben hier heftige Stürme.

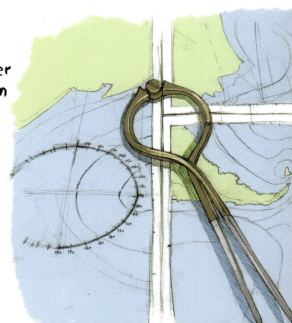

Vor Kap Hoorn, dem südlichsten Punkt Südamerikas, liegen in südöstlicher Richtung zahlreiche kleine Inselgruppen oder Archipele, darunter die Falklandinseln, Südgeorgien und die Südlichen Sandwichinseln, die Kergueleninseln und die Crozetinseln. Sie gehören überwiegend zu Großbritannien oder Frankreich. Von Mitteleuropa aus betrachtet, sind diese Archipele allerdings wirklich am Ende der Welt: Mehr als 15 000 Kilometer liegen sie von uns entfernt.

Diese Inselgruppen bilden eine Art Ring um eine riesige Insel – die Antarktis. Die Antarktis ist fast 40-mal so groß wie Deutschland! Oft wird sie neben Afrika, Amerika, Asien, Australien und Europa als »sechster Kontinent« bezeichnet. Die Antarktis liegt im Südpolarmeer, das auch Südliches Eismeer genannt wird. Ihre Oberfläche ist fast vollständig von Eis bedeckt. Mitten auf der vereisten Festlandfläche liegt auf 90 Grad südlicher Breite der Südpol.

Im Altertum wussten die Menschen noch nicht, dass die Erde rund ist. Trotzdem ahnten die alten Griechen, dass es so etwas wie die Antarktis gab. Sie hielten die Erde für eine Scheibe und vermuteten, dass auf der anderen Seite der Scheibe ebenfalls Land war. Allerdings glaubten sie, dass die Bewohner der Gegenseite, die sogenannten Antipoden (»Gegenfüßler«), mit dem Kopf nach unten durch die Welt spazierten!

Heute wissen wir, dass die Antarktis durch eine große Verschiebung der Landmassen entstand, die der Erde ihre heutige Gestalt verlieh: Vor rund 150 Millionen Jahren, als es auf der Erde erst zwei Kontinente gab, begann der südliche Großkontinent Gondwana auseinanderzubrechen. Die Antarktis und Australien wurden abgespalten und bildeten von da an jeweils einen eigenen Kontinent.

Die Seefahrer verwendeten Seekarten und einen Kompass.

Südgeorgien: das Tor zur Antarktis

Die Insel Südgeorgien ist fast menschenleer, aber für Pinguine ist sie ein Paradies. Die gewaltigen Gletscher der Insel ragen hoch über dem Atlantik auf.

Knapp 1500 Kilometer von der Küste Südamerikas entfernt, ungefähr in der Mitte zwischen Argentinien und der Antarktis, liegt die Insel Südgeorgien. Sie ist 172 Kilometer lang und von Bergen überzogen. Elf von ihnen sind über 2000 Meter hoch. Der Mount Paget ist mit 2934 Metern der höchste. Auf der Insel herrscht ein raues Klima. Fast das ganze Jahr über liegen die Temperaturen unter 0 Grad Celsius, und auch während des kurzen Sommers steigen sie nicht über 10 Grad Celsius. Ein Großteil Südgeorgiens ist von Gletschern bedeckt. In den Bergen fällt oft Schnee.

Einige Vogelarten lassen sich von dem rauen Klima jedoch nicht abschrecken. Viele überwintern auf dem warmen amerikanischen Kontinent und kommen im Frühling nach Südgeorgien, um dort zu nisten, das heißt im September, Oktober und November. Auf der Südhalbkugel der Erde verhält es sich mit den Jahreszeiten nämlich genau umgekehrt zur Nordhalbkugel. Im Dezember, wenn bei uns Winter herrscht, ist in der Antarktis Sommer.

Auf den steilen Felsen lassen sich riesige Albatrosse nieder. Diese Seevögel wiegen ungefähr zehn Kilogramm und haben eine Flügelspannweite von 3,50 Metern. Die Albatrosse sind gute Segler und legen weite Strecken zurück. Bei der Landung kann es aber vorkommen, dass sie sich überschlagen, weil sie so schwer sind.

Der Königspinguin ist fast einen Meter groß. Sein dichtes Gefieder mit der Fettschicht darunter schützt ihn vor der eisigen Kälte. Königspinguine brüten in großen Kolonien an den Stränden der Insel.

Südgeorgien wurde im Jahr 1775 von dem englischen Seefahrer James Cook entdeckt. Heute ist es ein Naturschutzgebiet. Man braucht eine Genehmigung der britischen Behörden, um die Insel zu besuchen. Auf Südgeorgien halten sich deshalb vorwiegend Wissenschaftler auf. Sie erforschen die dortige Tierwelt. Pflanzen gibt es wegen der Kälte fast keine.

Die Albatrosse gleiten mit ihren gewaltigen Schwingen durch die Luft.

Die Antarktis: eine endlose Eiswüste

Diese Eiswüste ist typisch für die Antarktis, die auch »weißer Kontinent« genannt wird. Das ganze Jahr über herrscht Eiseskälte. In dieser Einöde kann nichts wachsen.

Die Antarktis ist von einer dicken Eisschicht bedeckt, die auch als Polkappe oder Antarktischer Eisschild bezeichnet wird. Sie entstand aus hohen Schneeschichten, die sich über die Jahrtausende angehäuft und verdichtet haben, und ist durchschnittlich 2500 Meter dick. Unter diesem Eispanzer befindet sich ein Gebirge, von dem nur die höchsten, über 4000 Meter hohen Gipfel aus dem Eis herausragen. Sie bilden einzelne Felsspitzen oder Nunataks. Das ist ein Begriff aus der Sprache der Inuit, die bestimmte Polargebiete der nördlichen Halbkugel bewohnen.

Das Transantarktische Gebirge ist eine Gebirgskette von 3500 Kilometern Länge. Es teilt den Kontinent in zwei Teile: die Westantarktis und die Ostantarktis. Im östlichen Teil ragt der Mount Vinson aus dem Vinson-Massiv heraus. Er ist mit 4892 Metern der höchste Berg der Antarktis. Im Westen des Kontinents zieht sich eine große Landzunge ins Meer, die Antarktische Halbinsel.

Einige Berge der Antarktis sind aktive Vulkane, die jederzeit ausbrechen können. Das Eis, das die Landschaft überzieht, kann das Feuer im Erdinneren nicht löschen. Der Gipfel des Mount Erebus beispielsweise ist ständig in eine weiße Rauchwolke eingehüllt. Daran sieht man, dass tief in seinem Krater flüssige Lava an die Oberfläche dringt.

Die Antarktis gilt als eine Wüste wie die Sahara. Es regnet dort fast nie, denn wegen der Kälte und der geringen Sonneneinstrahlung kann das Wasser nicht verdunsten. Die Luft ist deshalb sehr trocken, und es bilden sich nur wenige Wolken am Himmel. Pro Jahr gibt es nur 40 Liter Niederschlag pro Quadratmeter in Form von Schnee. Zum Vergleich: In Mitteleuropa sind es etwa 800 Liter, überwiegend als Regen. Bei solchen Wetterbedingungen können auf dem sechsten Kontinent keine Menschen leben.

Der Mount Erebus ist ein aktiver Vulkan.

Kälte, Wind und Dunkelheit

In der Antarktis ist es das ganze Jahr über kalt.
Im Sommer scheint zwar die Sonne. Trotzdem kann
plötzlich ein Schneesturm aufkommen.

Die Antarktis ist der kälteste Kontinent der Erde. Die Durchschnittstemperaturen schwanken dort zwischen minus 20 Grad Celsius im Sommer und minus 60 Grad Celsius im Winter. Die niedrigste Temperatur wurde am 21. Juli 1983 auf der sowjetischen Wostok-Station mitten auf dem antarktischen Festland gemessen: minus 89,2 Grad Celsius. Da setzt man besser keinen Fuß vor die Tür, denn bei dieser Eiseskälte gefriert einem augenblicklich das Blut in den Adern!

Am Südpol herrscht, genau wie am Nordpol im hohen Norden, im Winter die Polarnacht. Die Sonne steigt fast ein halbes Jahr lang nicht über den Horizont. Es ist also dunkel und bitterkalt. Im Sommer ist es dafür wegen der Mitternachtssonne 24 Stunden am Tag hell. Je weiter man sich von den Polen entfernt, desto kürzer wird die Zeit der Mitternachtssonne und der Polarnacht.

Im Sommer ist es wegen der Sonneneinstrahlung zwar wärmer als im dunklen Winter, doch Schnee und Eis strahlen einen Großteil der Sonnenwärme in die Atmosphäre zurück. Dass es in der Antarktis so kalt ist, liegt auch an der durchschnittlichen Höhe des Kontinents von 2500 Metern. Mit zunehmender Höhe sinken, wie überall im Gebirge, die Temperaturen.

Die heftigen Winde, die mit 120 bis 150 Stundenkilometern übers Eis fegen, machen die Kälte noch schwerer erträglich. Die sogenannten Fallwinde wehen vom Inland zur Küste. Auf dem Eis kühlen sie ab und werden schneller. Diese Winde sind gefährlich und unvorhersehbar. Einen Menschen können sie wie einen Strohhalm davontragen.

Die gefühlte Temperatur hängt auch von der Windgeschwindigkeit ab. Das lässt sich in der Antarktis besonders gut erforschen. Die Wissenschaftler haben diese »Windchill-Temperatur« berechnet und in Tabellen erfasst.

Minus 20 Grad Celsius bei einer Windgeschwindigkeit von 50 Stundenkilometern empfindet der Mensch wie minus 35 Grad Celsius.

Windgeschwindigkeit	Temperatur			
	0 °C	−20 °C	−30 °C	−40 °C
20 km/h	−5 °C	−30 °C	−43 °C	−56 °C
50 km/h	−8 °C	−35 °C	−49 °C	−63 °C
80 km/h	−10 °C	−38 °C	−52 °C	−67 °C

In sturmgepeitschter See

Achtung, Sturmwarnung! Auf 40 Grad südlicher Breite herrscht hoher Seegang, und der Wind heult und zerrt an den Segeln. Die »Brüllenden Vierziger«, also die Region zwischen 40 und 50 Grad südlicher Breite, tragen ihren Namen zu Recht!

Alle Seeleute, die schon einmal in Richtung Antarktis unterwegs waren, wissen: Auf 40 oder 50 Grad südlicher Breite müssen sie gefährliche Wasser durchqueren. Denn je weiter man sich vom Festland entfernt, desto stürmischer wird es. 1500 oder 2000 Kilometer vom Land entfernt können sich die Wellen nicht an einer Landmasse brechen und abschwächen. Deshalb hat man diese Breitengrade die »Brüllenden Vierziger« und »Rasenden Fünfziger« getauft.

Die Ersten, die sich in diese gefährlichen Gewässer vorwagten, waren vor fast 500 Jahren Forscher, die auf große Entdeckungsfahrt gingen. Im Jahr 1519 suchte der portugiesische Kapitän Fernando Magellan im Auftrag des spanischen Königs nach neuen Gebieten und hoffte, einen Seeweg nach Indien zu finden. Denn der Landweg nach Indien war von Europa aus lang und beschwerlich. Nachdem er an der Atlantikküste Südamerikas entlanggesegelt war, entdeckte Magellan einen Seeweg, der den Atlantischen mit dem Pazifischen Ozean verband. Diese Meerenge heißt seither Magellanstraße. Magellan überlebte die Expedition nicht: Er wurde von Eingeborenen getötet. Doch 18 seiner Männer gelang mit der *Victoria* die erste Weltumsegelung, und sie kehrten 1522 in die spanische Heimat zurück. Allerdings war die *Victoria* nicht so weit nach Süden vorgestoßen, als dass die Seeleute die Antarktis gesichtet hätten.

Auch in den folgenden Jahrhunderten blieben Seereisen in den fernen Süden gefährlich. Unterhalb des 50. Breitengrades ist das Meer fast ständig aufgewühlt. Die Schiffsmasten knicken wie Streichhölzer, denn im eisigen Wind gefriert das emporgeschleuderte Wasser, und sein Gewicht drückt gegen die Segel. Die Antarktis, so schien es, war völlig unzugänglich. Im Jahr 1819 hatte noch kein Mensch ihre Küsten erblickt.

Fernando Magellan (1480–1521) umsegelte als Erster die Welt.

Das Packeis im Südpolarmeer

Im Sommer ist das Südpolarmeer nicht völlig von Packeis bedeckt. Einige Wasserstraßen bleiben eisfrei.

Die Antarktis ist vom Südpolarmeer umgeben. Lange glaubten die Geografen, dass die drei großen Weltmeere – Atlantik, Pazifik und Indischer Ozean – sich im Süden der Erde, um die Antarktis herum, vermischen. Erst im Jahr 2000 änderte die Internationale Hydrografische Organisation ihre Ansicht und hob das Südpolarmeer aus der Taufe – in Entsprechung zum Nordpolarmeer am Nordpol.

Das Südpolarmeer erstreckt sich über mehr als 20 Millionen Quadratkilometer – das ist eine Fläche, die doppelt so groß ist wie die der USA! Das Meer umschließt den gesamten weißen Kontinent. Eine starke Meeresströmung befördert rund um die Antarktis pro Sekunde 100 Millionen Kubikmeter Wasser in östliche Richtung. Das ist 100-mal so viel wie die gesamte Wassermenge aller Flüsse der Welt! Diese Meeresströmung verhindert, dass warmes Wasser in die Antarktis gelangt.

Unter der Kälte gefriert das salzhaltige Wasser des Südpolarmeers bei minus 1,8 Grad Celsius, und es bildet sich Packeis. Während des antarktischen Winters ist der Großteil des Ozeans von diesem gewaltigen Eispanzer bedeckt: 22 Millionen Quadratkilometer mit einer Eisdicke von ein bis zwei Metern. Im Frühling und Sommer bricht die Eisfläche wieder auf. Ein großer Teil des Packeises schmilzt, bis nur noch vier Millionen Quadratkilometer Wasserfläche vereist sind. Manchmal sind die Meeresströmungen aber auch so stark, dass sich im Winter kein Packeis bildet. Die Strömungen wühlen das Wasser nämlich so sehr auf, dass es nicht gefrieren kann. Dann bleiben große Wasserflächen eisfrei. Sie durchziehen das zugefrorene Meer wie tiefe Furchen.

Die antarktischen Meeresströmungen

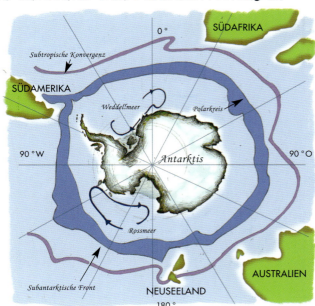

Die größten Eisberge der Welt

Riesige Eisplatten treiben über das Meer. In den 1950er Jahren versuchten die Amerikaner, mit Flugzeugen darauf zu landen, doch das erwies sich als zu gefährlich.

Die meisten Eisberge treiben im Sommer im Meer. Weil die Eisberge der Antarktis aus der Ferne wie große weiße Tafeln aussehen, heißen sie auch Tafeleisberge. In Wirklichkeit sind es gigantische Platten aus gefrorenem Süßwasser, sogenannte Eisschelfe. Sie sind aus dem Schnee entstanden, der im Küstengebiet der Antarktis gefallen ist. An der Küste bricht das Schelfeis dann ab und treibt hinaus aufs offene Meer.

Die Eisberge der Antarktis sind zum Teil riesig groß. Die größten sind 100 bis 200 Meter dick und erstrecken sich über mehrere Tausend Quadratkilometer. Ihre Bewegungen werden vom amerikanischen National Ice Center überwacht. Hier gibt man den Eisbergen einen Namen, der sich je nach Herkunftsgebiet aus dem Buchstaben A, B, C oder D und einer laufenden Nummer zusammensetzt – in einem Sommer können es mehrere Dutzend sein. Danach verliert das National Ice Center die Eisriesen nicht mehr aus den Augen: Über Satellit wird ihre Route ständig verfolgt, vor allem, um Schiffsunglücke zu vermeiden. Auf diese Weise entdeckte man auch das größte treibende Gebilde der Welt: Eisberg B-15. Er brach im Jahr 2000 vom Schelfeis des Rossmeeres im Süden der Antarktis ab. Damals bedeckte er eine Fläche von 11 000 Quadratkilometern und war größer als die Mittelmeerinsel Korsika! Seither ist er in mehrere Stücke zerbrochen, weil er in den wärmeren Gewässern langsam schmilzt. Bevor sich ein antarktischer Eisberg ganz auflöst, treibt er manchmal jahrelang im Meer.

Der größte Teil eines Eisbergs liegt unter der Wasseroberfläche.

Eine reich gefüllte Speisekammer

Im Südpolarmeer gibt es wundersame Polarfische wie etwa diesen Eisfisch *(Chaenocephalus aceratus)*. **Er ist bestens an seinen kalten Lebensraum angepasst.**

Trotz der Kälte ist das Südpolarmeer für Vögel, Fische, Robben, Wale und Delfine eine reich gefüllte Speisekammer. Mehr als 200 Fischarten, darunter der Schwarze Seehecht und der Südliche Blauflossen-Thunfisch, leben in den Gewässern, die 4000 bis 5000 Meter tief und höchstens 10 Grad Celsius warm sind. Der Eisfisch ist sicher das verblüffendste Meerestier: Er hat in seinem Blut Eiweiße, die wie ein Frostschutzmittel wirken. So kann er noch in minus 1 Grad Celsius kalten Gewässern schwimmen.

Wenn mit dem Sommer das Licht zurückkehrt, können sich in der Sonne die unterseeischen Tiere und Pflanzen entwickeln. Mikroskopisch kleine Algen, auch Phytoplankton genannt, vermehren sich. Sie dienen den riesigen Schwärmen von Krill als Nahrung. Das sind winzige, fast durchsichtige Krebse, die nicht mehr als zwei Gramm wiegen. Das Wort Krill kommt aus dem Norwegischen und bedeutet »Walnahrung«. Tatsächlich sind die Krebstierchen die Leibspeise vieler Wale. Aber auch Tintenfische und viele Fischarten ernähren sich davon. Der Krill ist damit ein wichtiges Glied am Anfang der antarktischen Nahrungskette.

Im Sommer sind die Seevögel ganz in ihrem Element. Albatrosse, Sturmvögel und Kormorane halten vom Himmel aus Ausschau nach Beute. Wenn sie einen Fisch entdecken, stürzen sie sich kopfüber ins Wasser und schnappen ihn mit dem Schnabel.

Diese winzigen Krebse, der Krill, sind sechs bis sieben Millimeter lang.

Die Entdeckung des weißen Kontinents

Lange Zeit waren die Küsten der Antarktis den Menschen zu unwirtlich.

Vor 250 Jahren war die Antarktis noch *terra incognita*, also unbekanntes Land. Noch kein Schiff hatte sich ihren Küsten genähert, kein Forscher ihren Boden betreten.

Der britische Seefahrer James Cook (1728–1779) wagte sich als Erster ins Südpolarmeer. Der Sohn eines Landarbeiters trat im Alter von 18 Jahren als Matrose in die Königliche Marine ein. Kurze Zeit später wurde er zum Kapitän befördert und durchquerte die Meere im Dienst der englischen Krone. Am 17. Januar 1773 erreichte sein Schiff den südlichen Polarkreis. Fast hätte Kommandant Cook den weißen Kontinent entdeckt. Doch das Packeis drohte den Schiffsrumpf zu zerbrechen und zwang ihn zur Umkehr. Nach seiner Rückkehr in die Heimat schilderte er in seinen Reiseberichten die reiche Tierwelt der antarktischen Meere, in denen sich jede Menge Robben und Wale tummelten.

Schon damals waren diese Tiere wegen ihres Fells und ihres Fettes sehr begehrt. Angespornt durch Cooks Reiseberichte, entsandten die Länder des Westens ganze Flotten, um die Tiere zu jagen.

Im Lauf des Jahres 1820 gelangten gleich mehrere Robben- und Waljäger in die Antarktis, darunter der Amerikaner Nathaniel Brown Palmer. Auch andere Seefahrer näherten sich etwa zur selben Zeit den Küsten der Antarktis, etwa Edward Bransfield von der britischen Marine und Baron Fabian von Bellingshausen, der im Dienst des russischen Zaren Alexander I. stand. Doch der lebensfeindliche Landstrich, über den die Männer nach ihrer Rückkehr in die Heimat berichteten, kam den Herrschern der damals führenden Staaten nicht besonders interessant vor. Es sollte daher noch einige Jahre dauern, bis die *terra incognita* erforscht wurde.

Segelschiff aus dem 19. Jahrhundert

Ankunft in der Antarktis

Die französische Expedition unter Jean-Baptiste Charcot erreichte die Antarktis im Jahr 1904. Die Seeleute hatten ihren Spaß. Sie ließen sogar Pinguine zu den Klängen ihres Grammofons tanzen!

Nachdem schon mehrere Seefahrer die Antarktis gesichtet hatten, setzte im Jahr 1821 der englische Robbenjäger John Davis als erster Mensch einen Fuß auf den antarktischen Kontinent – das behauptete er zumindest. Heute ist man sich nicht sicher, ob das auch wirklich stimmt. Um die gleiche Zeit war auch der englische Seefahrer James Weddell südlich von Kap Hoorn unterwegs. Er wollte neue Robbenfanggründe auskundschaften. Auf seiner dritten Reise in die Antarktis drang Weddell im Jahr 1823 in das schwer zugängliche Meer östlich der Antarktischen Halbinsel vor, das heute den Namen Weddellmeer trägt.

Daraufhin beauftragte der französische König Ludwig-Philipp den Seefahrer Jules Dumont d'Urville (1790–1842), in die Antarktis zu reisen. Dumont d'Urville hatte Astronomie, Geologie, Pflanzen- und Insektenkunde studiert. Im Jahr 1837 erhielt er nun das Kommando über die Schiffe *Astrolabe* und *Zélée*. Er war fest entschlossen, in die Antarktis vorzudringen.

Fast zwei Jahre lang kreuzte Dumont d'Urville zwischen Pazifik, Atlantik und den antarktischen Gewässern. Mehrmals blieben seine Schiffe im Packeis stecken. Seine Männer bekamen Frostbeulen. Einige starben an der Ruhr, einer schweren Durchfallerkrankung, andere am Skorbut, der durch den Mangel an Vitamin C hervorgerufen wird. Der Kapitän gab die Hoffnung aber nicht auf. Nach vier Jahren erreichte er sein Ziel: Am 20. Januar 1840 ankerten die *Astrolabe* und die *Zélée* vor einer unwirtlichen, von Winden gepeitschten Küste. Die Seeleute ruderten eilends mit dem Beiboot an Land und hissten die französische Flagge. Dumont d'Urville taufte das Gebiet nach seiner Frau Adèle Adelieland. Dann kehrte er in die Heimat zurück.

Der Polarforscher Paul-Émile Victor (1907–1995) unternahm viele Expeditionen in die Antarktis.

Die Pinguine der Antarktis

Pinguine können nicht fliegen, sind aber hervorragende Taucher. Sie leben in großen Kolonien in der Antarktis und im Süden Afrikas, Südamerikas und Australiens.

Im Südpolarmeer leben mehrere Arten von Pinguinen. Der Kaiserpinguin ist der größte. Er misst 115 Zentimeter und wiegt 40 Kilogramm. Etwa 300 000 Tiere leben auf dem Packeis rund um den sechsten Kontinent, nur zur Brut wandern sie aufs Festland. Der Adeliepinguin ist 70 Zentimeter groß und wird vier Kilogramm schwer. Seine schwarzen Knopfaugen, die von einem weißen Ring umgeben sind, erinnern an die Augen eines Teddybären. Zur Brutzeit leben die Adeliepinguine in Paaren: In der Antarktis sind es ungefähr 2,5 Millionen Brutpaare. Auf den Inseln rund um den antarktischen Kontinent leben noch einmal eine Million Paare. Der Königspinguin mit der gelben Schnabelunterseite und der Orangefärbung am Hals und an den Ohren ist mit 90 Zentimetern Größe und 14 Kilogramm Gewicht größer und schwerer als der Adeliepinguin. Er lebt nicht auf dem antarktischen Festland, sondern ist zum Beispiel in Südgeorgien zu Hause.

Pinguine sind nicht mit den Alkenvögeln zu verwechseln! Auch wenn sich die Vertreter der beiden Seevogelfamilien sehr ähneln, haben sie völlig andere Lebensgewohnheiten und ein unterschiedliches Verbreitungsgebiet. Die Alkenvögel können fliegen und kommen auch auf der Nordhalbkugel vor. So findet man die Trottellumme beispielsweise auf Helgoland. Die Pinguine dagegen können nicht fliegen und leben nur auf der Südhalbkugel. Ihre Verbreitungsgebiete sind neben der Antarktis und den antarktischen Inseln die südlichen Gebiete Südamerikas, Afrikas, Australiens und Neuseelands.

Die Pinguine der Antarktis wirken an Land, wenn sie aufrecht auf ihren Schwimmfüßen dahinwatscheln, etwas unbeholfen. Sie sind aber hervorragende Taucher. Mit ihren Flossen gleiten sie auf der Jagd nach Fischen durchs Wasser. Die Kälte macht ihnen nichts aus. Sie können bis zu 300 Meter tief tauchen und eine Viertelstunde die Luft anhalten.

Pinguine auf der Jagd

Der Kaiserpinguin

Der Kaiserpinguin ist der einzige Pinguin, der sich mitten im antarktischen Winter fortpflanzt. Er muss sich dann gleichzeitig gegen die Kälte schützen und um die Aufzucht der Jungen kümmern.

Im April, gegen Ende des antarktischen Herbstes, wandern die Kaiserpinguine vom Packeis zu ihren Brutplätzen. Diese Brutplätze befinden sich auf dem Festland, nach Möglichkeit an einer Stelle, an der ein Hügel die Brutkolonie ein wenig vor den eisigen Winden abschirmt. Rund 40 solcher Brutplätze gibt es in der Antarktis. Sehr langsam gehen die oft mehreren Tausend Pinguine einer Kolonie im Gänsemarsch zu ihrem Brutplatz – in der Stunde legen sie nur eineinhalb Kilometer zurück!

Dort angekommen, legt das Pinguinweibchen im Mai ein einziges Ei, das rund 450 Gramm schwer ist. Sofort vertraut es dieses dem Männchen an, indem es das Ei mit den Füßen und dem Schnabel behutsam zu ihm hinrollt. Das Männchen legt es sich so auf die warmen Füße, dass es von seiner Bauchfalte bedeckt ist. In dieser »Tasche« herrscht für das Ei ständig eine Temperatur von 31 Grad Celsius. Der Pinguinvater bebrütet das Ei etwa 60 Tage lang. In dieser Zeit muss er am Brutplatz bleiben und kann daher nicht jagen gehen. Weil er also zwangsläufig fastet, verliert er ein Drittel seines Körpergewichts. Das Weibchen nutzt diese Zeit, um neue Kräfte zu tanken: Es kehrt zum Meer zurück und stopft sich mit Fischen voll.

Die Männchen, die in der Polarnacht mit ihrem zerbrechlichen Schatz auf den Füßen zurückbleiben, halten zusammen. Sie bewegen sich möglichst wenig und drängen sich eng aneinander, um den Schneestürmen zu trotzen und sich gegenseitig vor der Eiseskälte zu schützen.

Zwei Monate später, im Juli, kehren die Weibchen zurück, gerade rechtzeitig, um das Küken schlüpfen zu sehen. Sie würgen die im Magen aufbewahrte Nahrung heraus und füttern ihr Küken damit. Nun verlassen die ausgehungerten Pinguinmännchen die Brutkolonie und ziehen ans Meer, um Fische zu fangen.

Um sich gegen Wind und Kälte zu schützen, rücken die brütenden Männchen dicht zusammen und bilden sogenannte Schildkrötenformationen.

Die Eroberung des Südpols

Im antarktischen Sommer 1911/1912 unternahmen der britische Forscher R. F. Scott und seine Begleiter eine Expedition zum Südpol. Nach dem Tod ihrer Ponys mussten sie ihre Schlitten selbst ziehen.

Der Südpol liegt in der Mitte des antarktischen Kontinents, auf 90 Grad südlicher Breite. Im Jahr 1908 hatte der Amerikaner Robert Edwin Peary den Nordpol erreicht. Nun wandte sich die Welt gespannt dem Südpol zu. Wer würde ihn als Erster zu Gesicht bekommen?

Engländer und Norweger stürzten sich in das wahnwitzige Abenteuer. Der britische Forscher Robert Falcon Scott (1868–1912) und sein Freund Ernest Shackleton brachen 1902 zu einer ersten Expedition auf, scheiterten aber über 700 Kilometer vor dem Ziel. Im Jahr 1909 unternahm Shackleton einen weiteren Versuch, aber die Ponys, die er mitgenommen hatte, um die Schlitten über das Eis zu ziehen, waren durch die Kälte bald völlig entkräftet. Eines nach dem anderen musste getötet werden. So scheiterte auch diese Expedition.

Im Oktober 1911 dann machte sich Scott vom Basislager erneut auf die Reise, fast zeitgleich mit dem Norweger Roald Amundsen (1872–1928). Scott und seine Begleiter drangen über den Beardmore-Gletscher in Richtung Südpol vor. Doch auch diesmal überlebten die Ponys die Eiseskälte nicht. Jeder der fünf Männer musste seinen mit Ausrüstung und Proviant beladenen Schlitten selbst ziehen. Als sie am 17. und 18. Januar 1912 endlich den Südpol erreichten, erlebten sie eine bittere Enttäuschung: Amundsen war ihnen zuvorgekommen!

Der Norweger hatte den Südpol einen Monat vor ihnen erreicht, am 14. Dezember 1911. Als Beweis für seinen Triumph hatte er sein Zelt zurückgelassen, auf dem die norwegische Flagge wehte. Amundsen war schneller als die Briten unterwegs gewesen, weil er Schlittenhunde mitgenommen hatte, die zäher und robuster waren als die Ponys.

Scott und seine Männer starben krank und entkräftet auf dem Weg zurück ins Basislager.

Die Ponys, die Scotts Schlitten zogen, erfroren.

Weddellrobben und See-Elefanten

40

Die Jungen der See-Elefanten leben in Kolonien an den Küsten der Antarktis. Bald schon gehen sie im eiskalten Wasser jagen.

Die Robben und die See-Elefanten sind Wasserraubtiere, die sich vorwiegend von Fisch ernähren. Sie haben eine dicke Speckschicht, kurzes Fell und Flossen. Sie sind Säugetiere, die aber anders als die Wale ihre Jungen nicht im Wasser zur Welt bringen, sondern auf dem Festland. Jedes Weibchen bekommt in der Regel nur ein Jungtier. Die Männchen paaren sich mit mehreren Weibchen.

Die riesigen, 300 bis 500 Kilogramm schweren Weddellrobben sind nach James Weddell benannt, der als Erster in den Nordwesten der Antarktis vorstieß. An Land sind die Tiere ziemlich unbeholfen. Ihre Flossen können sie nicht zur Fortbewegung nutzen. Stattdessen robben sie über den Boden. Im Wasser dagegen können sie auch in der Dunkelheit recht gut sehen und nehmen mit ihren Barthaaren die Schwingungen wahr, die Fische oder Tintenfische beim Schwimmen erzeugen. So können die Weddellrobben ihre Beute aufspüren. Ihr dichtes Fell schützt sie gegen die Kälte. Sie haben keine von außen sichtbaren Ohren, sondern auf beiden Seiten des Kopfes einen offenen Hörkanal. Darin unterscheiden sie sich von den Ohrenrobben. Wenn sich im Winter Packeis bildet und die Robben unter dem Eis eingeschlossen sind, durchbohren sie die Eisdecke mit den Zähnen, um an der Oberfläche Luft zu holen. Manchmal kommen sie durch das Loch aus dem Wasser heraus und ruhen sich auf dem Eis aus.

Die See-Elefanten besiedeln etwa dieselben Gebiete, sind aber größer und aggressiver als die Weddellrobben. Die Männchen werden bis zu drei Tonnen schwer und sind viermal so groß wie die Weibchen. Eine dicke Fettschicht schützt den Körper vor der Kälte. Männchen wie Weibchen haben runde schwarze Augen, mit denen sie unter Wasser gut sehen können. Jeder Bulle hat bis zu 50 Weibchen, mit denen er sich paart. Bei Revierkämpfen mit Artgenossen schüchtern die Bullen ihren Gegner mit lautem Trompeten ein.

Der Rüssel verstärkt die Rufe der See-Elefanten.

Die Ohrenrobben

Ein Ohrenrobbenweibchen mit Jungtier. Es säugt sein Junges sechs bis zwölf Monate lang.

Zur Familie der Ohrenrobben gehören unter anderem die Mähnenrobbe, auch Südamerikanischer Seelöwe genannt, die Antarktische Pelzrobbe und der Antarktische Seebär. Dank eines schlauen Tricks der Natur ist der kurze, dichte Pelz der Ohrenrobben warm wie ein dicker Wintermantel: Drüsen unter der Haut sondern eine Art Öl ab, das den Pelz wasserdicht macht. Wirklich sehr praktisch!

Im Gegensatz zu anderen Robben sind die Ohrenrobben schlank und länglich und bewegen sich an Land recht geschickt. Sie laufen mit ihren Flossenbeinen wie richtige Vierfüßer. Aber sie sind auch hervorragende Schwimmer und wirbeln durchs Meer wie Wassertänzer.

Die Ohrenrobben sind sehr gesellig und bilden riesige Familienverbände. Die Männchen können sich wie die Männchen aller anderen Robbenarten mit vielen Weibchen paaren. Jedes Weibchen bringt ein Junges zur Welt, das es sechs bis zwölf Monate lang säugt. Damit sich genügend Milch bildet, müssen die Muttertiere viel Fisch zu sich nehmen. Daher verlassen sie hin und wieder ihren Nachwuchs, um sich im Meer satt zu fressen. Bei ihrer Rückkehr erkennen die Muttertiere ihr Junges am Geruch und an seinen Lauten.

Weiße Ohrenrobben sind selten.

Seevögel am Ende der Welt

Im Sommer bevölkern etwa 40 Seevogelarten die Küsten der Antarktis und der subantarktischen Inseln. Hier ist ein Graukopfalbatros mit seinem wenige Wochen alten Küken zu sehen.

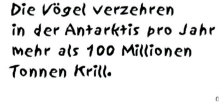

Zu Beginn des Sommers, Ende Oktober oder Anfang November, geht es in der Antarktis hoch her. Überall sind die Vögel eifrig dabei, ihre Nester zu bauen. Sie suchen nach Moosen oder Flechten, um die Nester kuschelig auszupolstern. Oder sie legen wie die Sturmvögel Mulden an, in denen die Jungvögel vor Raubtieren geschützt sind.

Hier, am Ende der Welt, suchen die Vögel ihre Beute im Meer. Das Eiswasser fürchten sie nicht, denn es perlt an ihrem wasserdichten Gefieder ab. Der Königsalbatros verbringt fast sein ganzes Leben über dem Meer. Dank seiner Flügelspannweite von rund 3,50 Metern ist der größte Seevogel der Welt ein exzellenter Segler. Er nutzt die Winde, um unnötige Anstrengung zu vermeiden. Wissenschaftler sagen, dass er auf diese Weise in einer Woche 10 000 Kilometer zurücklegen kann! Ebenso unermüdlich sind die Sturmvögel, die manchmal zwei Jahre lang »auf hoher See« bleiben, ehe sie sich einen Nistplatz suchen. Die Kormorane mit ihrem schwarzen Gefieder sind weniger abenteuerlustig und bleiben in Küstennähe. Dafür sind sie wagemutige Taucher: Sie stürzen mit dem Kopf voran und mit angelegten Flügeln ins Wasser und erlegen auch Beutetiere in großer Tiefe.

Die meisten Vögel sind ihrem Partner treu. Die Männchen balzen jedes Jahr mit demselben Weibchen und paaren sich mit ihm. Anschließend bebrüten die beiden zwei oder drei Wochen lang abwechselnd die Eier, bis die Jungen schlüpfen.

Die Vögel verzehren in der Antarktis pro Jahr mehr als 100 Millionen Tonnen Krill.

Der kurze antarktische Sommer

Die Albatrosse haben im antarktischen Sommer ihr Nest gebaut. Die Küken sind noch mit Flaum bedeckt. Sie warten ungeduldig darauf, gefüttert zu werden.

Wenn zwischen Dezember und Februar der Sommer in der Antarktis Einzug hält, steigen die Temperaturen an den Küsten auf über 0 Grad Celsius. Dadurch schmilzt das Packeis. Die riesige Eisfläche bricht auf, und es entstehen einzelne Eisschollen, die übers Meer treiben. Bald stürzen auch riesige Eisblöcke, die von den Gletschern des Festlands abgebrochen sind, ins Südpolarmeer. Die Strömung treibt die Eisberge aus gefrorenem Süßwasser aufs offene Meer hinaus.

In der Zeit der Mitternachtssonne ist es 24 Stunden am Tag hell. Das viele Licht kommt der Natur zugute. Wenn das Eis an den Küsten teilweise abtaut, können genügsame Pflanzen sprießen. Es gibt zwar keine Bäume in der Antarktis, aber an windgeschützten Stellen wachsen Moose und Flechten. Diese Pflanzen sind ein Segen für viele Zugvögel, die damit ihre Nester auspolstern.

Auch für die jungen Pinguine ist der antarktische Sommer eine herrliche Zeit. Während sich ihre Eltern an den schönen Sommertagen mausern, also ein neues Gefieder bekommen, werden die Jungtiere langsam selbstständig. Sie wagen sich zum ersten Mal ins Meer. Zunächst gehen sie nur zögerlich ins Wasser, doch sie lernen schnell zu tauchen und Fische zu erbeuten. Im Wasser lauern allerdings auch Gefahren: Junge Pinguine sind eine leichte Beute für Raubtiere wie Schwertwale und Seeleoparden.

Ein junger Pinguin wird von einem Schwertwal gejagt.

Im Reich der Wale

Mit einer heftigen Schwanzbewegung taucht der Buckelwal in die Tiefen des Südpolarmeers ab, um sich eine Krill-Mahlzeit zu gönnen. Die winzigen Krebse sind seine Lieblingsspeise.

Wale sind Säugetiere. Sie bringen ihre Jungen in den warmen Meeren in der Nähe des Äquators zur Welt. Die Walmutter säugt das Kalb, das täglich bis zu 250 Liter Milch trinkt! Wale leben in Gruppen oder »Schulen« von bis zu 100 Tieren. Im Frühjahr legen sie mehrere Tausend Kilometer zurück, bis sie ins Südpolarmeer gelangen. Dort finden sie im antarktischen Sommer reichlich Krill.

Die Bartenwale sind nach den herabhängenden Hornplatten im Oberkiefer benannt, mit denen die Tiere Nahrung aus dem Wasser filtern. Sieben Bartenwalarten suchen im antarktischen Sommer, also von Dezember bis Februar, die Gewässer rund um die Antarktis auf. Der Blauwal ist der größte von ihnen. Er hat einen bläulichen, stromlinienförmigen Körper mit abgeflachter Schwanzflosse, kann bis zu 30 Meter lang und 150 Tonnen schwer werden. Täglich filtert er mehr als zwei Tonnen Krill und Plankton aus dem Wasser. Eine 40 bis 45 Zentimeter dicke Fettschicht schützt ihn vor der Kälte. Die Buckelwale sind mit etwa 19 Metern Länge und 40 Tonnen Gewicht kleiner als die Blauwale. Buckelwale heißen sie, weil sie vor der Rückenfinne einen ausgeprägten Höcker haben. Auch sie finden im Südpolarmeer Nahrung. Manchmal werden sie von Pottwalen und Schwertwalen begleitet.

Aber Vorsicht: Mit dem Herbst kommt das Packeis! Wale müssen spätestens nach einer Viertelstunde zum Luftholen an die Wasseroberfläche kommen. Ist das Meer von Eis bedeckt, brechen einige von ihnen mit der Flanke oder dem Rücken durch die Eisdecke, um nicht zu ersticken. Wenn das Eis zu dick ist und ein Wal das nicht mehr schafft, stirbt er. Die meisten Wale aber lassen sich von ihrem Instinkt leiten und kehren rechtzeitig in die gemäßigten Meere zurück, ehe der eisige Winter in der Antarktis Einzug hält.

Das Skelett eines Wals, der an der Küste gestrandet ist

Der Walfang

Zu Beginn des 20. Jahrhunderts war der Walfang noch in vollem Gange. Diese Walfänger (hier im südgeorgischen Grytviken) waren damals sehr stolz auf ihren Fang.

Bereits seit dem Mittelalter, vielleicht schon länger, machen die Menschen Jagd auf Wale. Im 19. Jahrhundert nahm der Walfang dann so zu, dass er für die Wale zu einer echten Bedrohung wurde.

In Europa und den USA waren die Wale wegen ihrer dicken Fettschicht sehr begehrt. Pro Tier gewann man daraus sechs bis 15 Tonnen Tran. Dieses Öl wurde als Lampenbrennstoff und als Schmiermittel für Maschinen verwendet. Die biegsamen Barten, die man als Fischbein bezeichnete, benutzte man als Stäbe für Schirme oder Korsette. Aus der Haut wurden Gürtel hergestellt.

Schon bald kreuzten ganze Walfangflotten auf den Weltmeeren. Ab etwa 1820 jagten viele Walfänger auch im Südpolarmeer. Ihre Beute töteten sie mit der Harpune. Anschließend wurden die Tiere in Fabriken zerlegt, die man beispielsweise in Südgeorgien und auf den Crozetinseln errichtet hatte. Die Jagd war ein Gemetzel: 90 Prozent der Wale in der Antarktis verloren auf diese Weise ihr Leben.

Seit 1986 verbietet ein internationales Abkommen den Walfang. Im Jahr 1994 richtete man in der Antarktis eine Walschutzzone ein. Japan hält sich jedoch als einziges Land nicht an das Abkommen und erlegt rund um die Antarktis jedes Jahr Dutzende von Walen.

Die Harpune wurde beim Walfang von einer Kanone abgeschossen.

Forschung in der Antarktis

Die britische Forschungsstation Port Lockroy liegt auf der Antarktischen Halbinsel. Sie beherbergt auch ein kleines Museum, in dem die Briefmarken zu sehen sind, die zu Ehren des weißen Kontinents gedruckt wurden.

In der ersten Hälfte des 20. Jahrhunderts interessierten sich die Industrieländer kaum für die Antarktis. Sie war zu kalt und zu entlegen. Doch in den 1950er Jahren erwachte die wissenschaftliche Neugier. So wurden im sogenannten Internationalen Geophysikalischen Jahr von Juli 1957 bis Dezember 1958 die ersten Satelliten ins Weltall geschossen. Damals geriet auch die Antarktis ins Blickfeld der Forscher.

Zwölf Länder wollten den unbekannten Kontinent erforschen: Südafrika, Argentinien, Australien, Belgien, Chile, USA, Frankreich, Japan, Norwegen, Neuseeland, Großbritannien und Russland. Sie unterzeichneten am 1. Dezember 1959 in der amerikanischen Hauptstadt Washington den Antarktisvertrag. Seither sind 45 weitere Staaten dem Abkommen beigetreten.

Der Antarktisvertrag schreibt fest, dass der weiße Kontinent völlig der Wissenschaft gewidmet werden soll. Die Menschen dürfen die Antarktis nur für friedliche Zwecke nutzen. Dazu gehören die Erforschung der Tierwelt, des Wetters und des Klimas, der Gletscher und des Weltalls. Die beteiligten Staaten dürfen Forschungsstationen in der Antarktis errichten. Etwa 40 solcher Stationen sind ganzjährig besetzt, 40 weitere nur im Sommer, auf dem antarktischen Festland beispielsweise die deutsche Kohnen-Station. Die meisten Forschungsstationen befinden sich an der Küste und auf den Inseln, wo es nicht so kalt ist wie im Innern des Kontinents. Jedes Jahr halten sich rund 4000 Wissenschaftler unterschiedlicher Nationalitäten in der Antarktis auf.

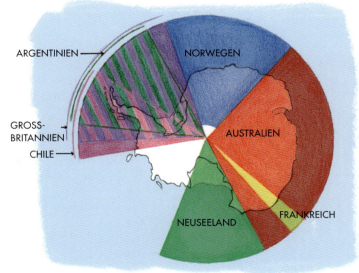

Die Antarktis wurde aufgeteilt wie ein Kuchen. Einige Länder wie Russland oder die USA haben keine Gebietsansprüche.

Leben auf einer Forschungsstation

Fünf Tage dauert die Schiffsreise zur französischen Dumont-d'Urville-Station auf der Petrel-Insel in Adelieland. Vom 2700 Kilometer entfernten Tasmanien aus bringt das Schiff *L'Astrolabe* fünfmal im Jahr Lebensmittelvorräte und Personal zur Station.

Im Jahr 1956 wurde die französische Forschungsstation auf der Petrel-Insel errichtet. Sie sollte das Lager Pont-Martin ersetzen, das in der Nacht zum 24. Januar 1952 durch einen Brand zerstört worden war. Der neue Stützpunkt wurde Dumont-d'Urville genannt, zu Ehren des Entdeckers von Adelieland. Die Lebensbedingungen waren damals sehr hart. Man heizte mit Kohle und ernährte sich von Seehundfleisch. Obst und Gemüse konnte man nicht lagern.

Heute, rund 50 Jahre später, ist die Dumont-d'Urville-Station eine moderne Forschungsstation. Sie besteht aus etwa 30 Gebäuden auf 5000 Quadratmetern Fläche, hat eine Post, Lebensmittellager und ein Kraftwerk. Mit dem Kraftwerk wird geheizt, aber auch Meerwasser entsalzt, um es trinkbar zu machen. Etwa 20 Wissenschaftler und Techniker verbringen dort den harten antarktischen Winter. Alle Frauen und Männer sind Mitglieder des französischen Polarinstituts Paul-Émile Victor. Jeder hat ein eigenes Zimmer. Mit ihren sehr weit entfernt lebenden Familien können die Bewohner über E-Mails Kontakt halten. Zur Zerstreuung gibt es eine Bibliothek, Billardtische und Filmvorführungen. Auch ein Arzt, der sogar kleinere Operationen durchführen kann, wohnt auf der Station.

Der größte Teil der wissenschaftlichen Arbeit, etwa Analysen und Berechnungen am Computer, findet im warmen Labor statt. Doch die Wissenschaftler müssen auch jeden Tag in die Kälte hinaus: Wetterforscher messen Temperatur und Windgeschwindigkeit, Vogelkundler studieren das Verhalten der Pinguine.

Wissenschaftler bei der Arbeit

Der Bau einer Forschungsstation

Solche seltsamen Konvois zogen mehrere Sommer lang durch die Eiswüsten der Antarktis. Sie brachten Baumaterial für die Forschungsstation Dome-Concordia. Heute erreicht der Nachschub die Station auf dem gleichen Weg.

Die Dome-Concordia-Forschungsstation befindet sich in der Mitte des antarktischen Kontinents auf dem Dome C, einem Hochplateau in der Ostantarktis, auf 3233 Metern Höhe.

Sie ist ein Gemeinschaftsprojekt der Länder Frankreich und Italien. Die Bauarbeiten begannen 1995 und waren abenteuerlich. 4000 Tonnen Baumaterial mussten von der 1100 Kilometer entfernten Dumont-d'Urville-Station zum Dome C im Innern des weißen Kontinents geschafft werden. Weil die Transporte auf dem Landweg erfolgten, konnte man sie nur im Sommer durchführen, also von Dezember bis Februar. Mehrere Jahre lang fanden im Sommer drei oder vier Transporte statt, die jeweils 20 bis 25 Tage dauerten. Etwa 15 Mann waren mit etlichen Fahrzeugen unterwegs: Maschinen, mit denen das Gelände planiert wurde, geländegängigen LKWs, die mit Stahlträgern für den Bau des Fundaments beladen waren, sowie Wohnwagen mit Spezialausstattung, in denen man noch im schlimmsten Schneesturm schlafen, essen und sich waschen konnte.

Im Jahr 2005 wurde die Dome-Concordia-Station eröffnet. Sie hat 1500 Quadratmeter Wohnfläche in zwei 15 Meter hohen Türmen, die auf Pfeilern gebaut sind. Die Türme sind durch eine überdachte Brücke miteinander verbunden, damit man nicht erfriert, wenn man im Winter bei minus 65 Grad Celsius von einem Turm zum anderen geht. Das eine Gebäude enthält eine Sporthalle, einen Videoraum, eine Küche, den Essbereich und eine Bibliothek. Der zweite Turm beherbergt Laborräume für Gletscherkunde, Astronomie, Wetterforschung und andere Wissenschaften. Außerdem befinden sich in diesem Turm die Unterkünfte, eine Krankenstation und ein Fernmelderaum.

Die Forschungsstation ist im Sommer und im Winter geöffnet. Das ist mitten auf dem weißen Kontinent eher ungewöhnlich. Im Winter kann sie unter angenehmen Wohnbedingungen 16 Personen aufnehmen. Trotzdem ist es wegen der Kälte draußen, der Einsamkeit und der langen Polarnacht von Juni bis August eine große Herausforderung, dort zu überwintern!

Die Dome-Concordia-Station

Das Gedächtnis des Eises

1. Zerteilen des Eises mit einer Horizontalsäge

3. Messung des Bohrkerns

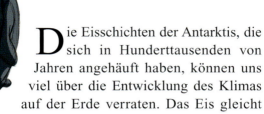

Die Eisschichten der Antarktis, die sich in Hunderttausenden von Jahren angehäuft haben, können uns viel über die Entwicklung des Klimas auf der Erde verraten. Das Eis gleicht einem gewaltigen Computer, in dem eine Unmenge an Informationen gespeichert ist. In den Eisschichten findet man zum Beispiel Blütenstaub uralter Pflanzen oder Asche von Vulkanausbrüchen, die von den Winden verweht wurde und sich am Boden ablagerte. An Luftblasen im Eis erkennt man, wie sich die Atmosphäre in früheren Zeiten zusammensetzte.

Nach dem Zweiten Weltkrieg entstand eine neue Wissenschaft: die Glaziologie oder Gletscherkunde, die sich mit dem Aufbau, der Geschichte und dem »Gedächtnis« des Eises beschäftigt. In Deutschland ist die führende Forschungseinrichtung für Glaziologie das Alfred-Wegener-Institut in Bremerhaven, in der Schweiz ist es die Eidgenössische Technische Hochschule in Zürich, in Österreich die Universität Innsbruck.

Die größte Schwierigkeit bei der Erforschung des Klimas früherer Zeiten besteht darin, geeignete Eisproben zu gewinnen. Man muss mit modernsten Maschinen tief in die Gletscher des Antarktischen Eisschildes bohren, um an die Proben heranzukommen. Diese Technik bezeichnet man als Kernbohrung, die entnommenen Proben als Bohrkerne. Mit den ersten Bohrungen gelangte man in eine Tiefe von bis zu 2000 Metern. Heute dringen die Wissenschaftler schon bis in 3270 Meter Tiefe vor! Dieser Rekord wurde im Forschungsprojekt EPICA (Europäisches Projekt für Eisbohrung in der Antarktis) erreicht, das 1995 ins Leben gerufen wurde. Die Arbeiten wurden auf dem Dome C in der Nähe der Concordia-Station durchgeführt. Der geborgene Bohrkern reicht 900 000 Jahre in die Erdgeschichte zurück. An den Eisschichten kann man ablesen, dass unser Planet mehrere Eiszeiten durchlaufen hat. Dieses Wissen über die Vergangenheit könnte uns helfen, die globale Erwärmung, die wir zurzeit erleben, besser zu verstehen.

2. Begutachtung des gewonnenen Bohrkerns

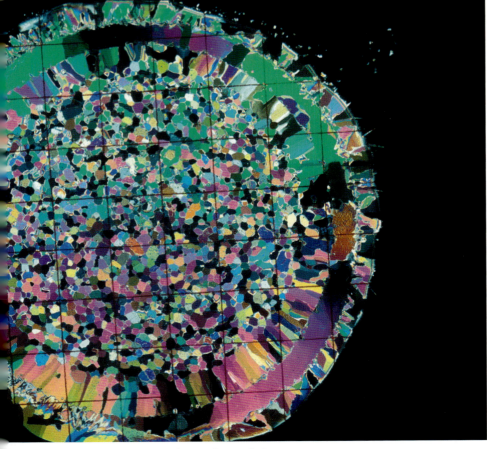

4. Kristallografische Untersuchung des Bohrkerns

Die Bohrkerne werden sortiert und aufbewahrt.

Die Erforschung der Atmosphäre

Von der französischen Dumont-d'Urville-Station aus werden Wetterballons mit Messgeräten losgeschickt. Sie geben Auskunft über die Zusammensetzung der Atmosphäre, die unsere Erde umgibt.

Wetterballons sind den Wetter- und Klimaforschern eine große Hilfe. Sie sind mit Helium gefüllt, das leichter ist als Luft, und können 24 Stunden lang in der Stratosphäre bleiben. Das ist die zweite Schicht der Erdatmosphäre in einer Höhe von 12 bis 45 Kilometern. Die Messgeräte, die in sogenannten Gondeln untergebracht sind, sammeln in dieser Zeit Daten über die Zusammensetzung der Atmosphäre oder die Menge an Kohlendioxid und anderen Treibhausgasen. Diese Gase tragen zur Erwärmung des Klimas auf der Erde bei.

Von der französischen Dumont-d'Urville-Station aus wird das Ozonloch beobachtet, das sich über dem Südpolargebiet gebildet hat. Das 26 Millionen Quadratkilometer große Loch in der Ozonschicht der Atmosphäre wurde vor rund 30 Jahren entdeckt. Ozon ist ein Gas der Stratosphäre, das einen Teil der ultravioletten Sonnenstrahlen filtert. Einige UV-Strahlen verursachen schwere Hautverbrennungen und sogar Hautkrebs und können für das Leben auf der Erde sehr gefährlich werden. Schuld an dem Ozonloch tragen die Fluorkohlenwasserstoffe (FCKW), die von der Industrie lange Zeit in zu großer Menge freigesetzt wurden. Solche Stoffe wurden beispielsweise als Kältemittel in Kühlschränken verwendet und als Treibmittel in Sprühdosen. Heute ist die Herstellung von FCKW weitgehend verboten. Daher wird nun offenbar auch das Ozonloch über der Antarktis allmählich wieder kleiner.

Mit diesem Gerät kann man die Windgeschwindigkeit messen.

Himmelskunde im ewigen Eis

Wenn im Gebirge feuchte Luft aufsteigt und dabei abkühlt, bilden sich Wolken, die wegen ihrer Form als Linsenwolken bezeichnet werden. An den Küsten der Antarktis sind sie häufig zu sehen.

Die Sterne kann man am besten bei wolkenlosem Himmel beobachten. In je größerer Höhe man sich befindet, umso weniger Wolken behindern die Sicht. Die Astronomen wissen das und stellen ihre Teleskope deshalb oft im Gebirge auf. Lange Zeit befanden sich die größten Sternwarten der Südhalbkugel im südamerikanischen Andengebirge in Chile. Seit 2005 können Wissenschaftler auch auf der französisch-italienischen Dome-Concordia-Station einen Blick ins Weltall werfen.

Die Bedingungen auf der Dome-Concordia-Station sind für die Erforschung des Weltalls ideal. Die Luft ist kalt und trocken, deshalb bilden sich nur wenige Wolken. In der langen Polarnacht können die europäischen Wissenschaftler die Gestirne auch am Tag beobachten. Viele Forscher suchen nach neuen Planeten und Spuren unbekannten Lebens. Für ihre Arbeit verwenden sie hochentwickelte Geräte wie Infrarotteleskope, die die Wärmestrahlung von Planeten auffangen können.

Die Amerikaner wollen auf ihrer Amundsen-Scott-Station sogar Astronauten auf einen Flug zum Mars vorbereiten. Denn auch auf unserem Nachbarplaneten herrscht Eiseskälte. Der uralte Menschheitstraum von einer Reise zum Mars könnte in etwa 30 Jahren Wirklichkeit werden.

Polarlicht

Reisen im ewigen Eis

Bei der chilenischen Forschungsstation Eduardo Frei auf der Antarktischen Halbinsel können sogar Großraumflugzeuge landen, hier eine Iljuschin 76.

Das Reisen ist in der Antarktis sehr beschwerlich. Durch das gebirgige und vereiste Niemandsland werden ganz bestimmt nie Straßen oder Autobahnen führen!

Im 19. Jahrhundert benutzten die Forscher Skier oder fuhren mit Schlitten, die von mitgebrachten Ponys oder Hunden gezogen wurden. Als dann die ersten Flugzeuge aufkamen, träumte so mancher davon, durch die Luft zum weißen Kontinent zu gelangen. Als Erster versuchte der Australier George Hubert Wilkins (1888–1958) im Dezember 1928 sein Glück. Das war eine wahre Glanzleistung, denn er war mit einer sehr einfachen Maschine in Wind und Eiseskälte unterwegs. Wilkins entging nur knapp einer Katastrophe: Als er auf einer Eisscholle landete, zerbrach diese unter dem Gewicht des Flugzeugs. Nur durch einen glücklichen Zufall blieb er unverletzt.

Heute landen in der Antarktis nur selten Flugzeuge, da es auf dem größtenteils menschenleeren Kontinent keine Flugplätze gibt. Auf manchen Forschungsstationen werden »Twin Otter« eingesetzt. Das sind kleine achtsitzige Maschinen, die mit Schneekufen auf dem Eis aufsetzen. Bei guter Witterung sind sie sehr zuverlässig. Allerdings können sie keine schweren Lasten befördern.

Wenn Schiffe mit Vorräten, Material und Post für die Forschungsstationen eintreffen, wird die Ladung mit dem Hubschrauber zur jeweiligen Station geflogen. Ein Hubschrauber kann zwar nicht so viel Fracht befördern wie ein Flugzeug, ist aber für das schwierige Gelände besser geeignet.

Im Inneren des Kontinents verwenden die Wissenschaftler gern Traktoren, die zu Raupenfahrzeugen umgebaut wurden. Die dicken Raupenketten bewegen sich sicher über das Eis. Jeder Ausflug ist allerdings auch ein teurer Spaß, denn ein Liter Treibstoff kostet in der Antarktis so viel wie eine Flasche Champagner!

Ein Hubschrauber bringt Lebensmittelvorräte.

Quer durch die Antarktis

Mehr als sieben Monate dauert die beschwerliche Reise für Hunde und Menschen: Sie wollen zu Fuß den antarktischen Kontinent durchqueren.

Im Jahr 1989 begaben sich sechs Abenteurer auf die »Expedition Transantarctica«. Zu Fuß und mit dem Schlitten wollten sie den weißen Kontinent von Westen nach Osten durchqueren.

Zwei Polarforscher, der französische Arzt Jean-Louis Étienne, der bereits 1986 allein auf Skiern den Nordpol bezwungen hatte, und sein Freund, der Amerikaner Will Steger, führten die Expedition an. Vier weitere Männer schlossen sich ihnen an: der Russe Viktor Boyarsky, der Chinese Tchin Daho, der Engländer Geoff Somers und der Japaner Keizo Funatsu – eine internationale Mannschaft!

Am 25. Juli 1989 brachen die Männer von Seal Nunataks auf der antarktischen Halbinsel auf. Sie legten durchschnittlich 33 Kilometer am Tag zurück, zu Fuß oder auf Skiern. Ihre drei Schlitten wurden von etwa 20 Hunden gezogen und waren mit Biwakzelten, Proviant und Messinstrumenten beladen. Am 3. März 1990 erreichte das Expeditionsteam die Ostküste des Kontinents. 219 Tage hatte die abenteuerliche Reise durch die weiße Eiswüste gedauert.

Noch schneller waren allerdings fast zeitgleich Reinhold Messner und Arved Fuchs: Die beiden durchquerten, ebenfalls zu Fuß, die Antarktis in 92 Tagen, vom 13. November 1989 bis zum 12. Februar 1990. Messner hatte 1986 schon den Mount Vinson bestiegen, den höchsten Berg der Antarktis.

Diese sportlichen Höchstleistungen lenkten die Aufmerksamkeit der Welt auf den letzten unberührten Kontinent. Im Jahr 1991 wurde das Madrider Abkommen unterzeichnet, das die Antarktis bis zum Jahr 2041 unter Schutz stellt.

Auf den Forschungsstationen der Antarktis werden große Zelte verwendet.

67

Schlittenhunde

Auf der Expedition Transantarctica schliefen die Hunde bei jedem Wetter im Freien, und wenn es noch so stürmte!

Die Schlittenhunde, allen voran Huskys und Grönlandhunde, waren den Menschen auf ihren Pol-Expeditionen immer treue Begleiter. Ursprünglich stammen beide Hunderassen aus dem hohen Norden. Als man im 19. Jahrhundert begann, auch die Antarktis zu erforschen, brachte man sie mit Schiffen dorthin. Viele Hunde stürzten in Gletscherspalten, starben an Erschöpfung oder erfroren. Im Jahr 1958 mussten japanische Wissenschaftler, die wegen schlechten Wetters überstürzt in ihre Heimat zurückkehren mussten, die 15 Hunde ihrer Gespanne sogar in der Antarktis zurücklassen. Diese traurige Geschichte liegt dem Film *Antarctica – Gefangen im Eis* zugrunde. Er erzählt vom Überlebenskampf der Tiere, die sich selbst überlassen waren und Robben erbeuteten, um zu überleben.

Der französische Forscher Jean-Louis Étienne führte in den Jahren 1989/1990 seine Expedition Transantarctica als einer der Letzten mit Schlittenhunden durch. Mit der Unterzeichnung des Madrider Abkommens im Jahr 1991 wurde die Antarktis zum Schutzgebiet erklärt. Seither ist es verboten, fremde Tierarten wie Hühner, Hunde, Katzen, Kaninchen oder Ratten einzuführen, denn sie könnten die einheimischen Tiere verdrängen, ihre Jungtiere fressen oder in der Antarktis unbekannte Krankheiten wie die Tollwut einschleppen. Aus diesem Grund sind auch Ausflüge mit dem Hundeschlitten, wie sie in Kanada oder Grönland bei Touristen sehr beliebt sind, auf dem sechsten Kontinent nicht möglich.

Ein Wissenschaftler kennzeichnet eine Ohrenrobbe.

Der Wasserspeicher der Erde

Vor der Küste der Antarktischen Halbinsel treibt ein Eisberg aufs offene Meer hinaus.

Der Antarktische Eisschild, jene Eiskappe also, die den sechsten Kontinent bedeckt, ist an der stärksten Stelle in Adelieland 4776 Meter dick. Sein Gesamtvolumen wird auf 30 Millionen Kubikkilometer geschätzt. Zum Vergleich: Der Eisschild Grönlands auf der Nordhalbkugel hat ein Volumen von »nur« drei Millionen Kubikkilometern.

Die Gletscher der Antarktis, die aus verdichtetem, gefrorenem Schnee bestehen, spielen für die Zukunft der Erde möglicherweise eine wichtige Rolle: Sie sind der Wasserspeicher unseres Planeten, denn sie enthalten 80 Prozent des Süßwassers, das es auf der Erde gibt. Weil ein Drittel der Weltbevölkerung unter Wassermangel leidet, denkt man allmählich darüber nach, aus dem Wasserspeicher der Antarktis zu schöpfen und die Eisberge zu nutzen, bevor sie schmelzen. Aber wie soll man die Eiskolosse transportieren? Diese Frage kann bisher noch niemand beantworten. Wenn aber das Wasser weiter immer knapper wird, wie einige Umweltforscher vorhersagen, wird man eine Lösung finden müssen. Wahrscheinlich wird man aufwendige Technik und viel Geld brauchen. Die ärmsten Länder der Erde werden sich das sicher nicht leisten können.

Mittlerweile beobachten die Fachleute, die sich mit dem Eis der Erde befassen, die Auswirkungen der Klimaerwärmung mit großer Sorge. Sollte der Eisschild Grönlands komplett schmelzen, würde der Meeresspiegel um sieben Meter ansteigen. Verschwände auch das Eis der Antarktis, so stiege er um weitere 70 Meter an – die Niederlande und Städte wie Venedig wären dann schon lange von der Landkarte verschwunden.

Hoffentlich baut niemand eine schmutzige Fabrik in der Antarktis!

Touristen in der Antarktis

Die Pinguine, die sich an den Küsten der Antarktis tummeln, sind schön anzusehen. Der weiße Kontinent begeistert viele, die weite und unberührte Landschaften lieben. Daher kommen auch immer mehr Touristen dorthin.

Die Zahl der Touristen hat sich in der Antarktis im Lauf der letzten zehn Jahre mehr als verdoppelt. Im Jahr wagen sich heute an die 30 000 Besucher aus der ganzen Welt in diese Gegend der Erde, die meisten mit dem Schiff. Sie kommen im antarktischen Sommer, wenn die Sonne nicht untergeht und das Packeis so weit aufgebrochen ist, dass sich die Schiffe einen Weg bahnen können. Viele Touristen besuchen auch mit dem Kleinflugzeug eine Forschungsstation oder lassen sich zu einer Expedition in der Eiswüste absetzen und wieder abholen.

Wer eine Kreuzfahrt in die Antarktis unternimmt, darf Kälte und Seekrankheit nicht fürchten. Ganz gleich, ob man von Chile, Argentinien oder Neuseeland aus in See sticht – die Überfahrt dauert mehrere Tage und kann recht turbulent sein. In jedem Fall ist das Abenteuer in diesem Teil der Erde ein teurer Spaß!

Der Tourismus nimmt mittlerweile bedrohliche Ausmaße an. Es steht zu befürchten, dass zu viele Touristen die brütenden Vögel stören. Sie könnten auch Krankheitskeime einschleppen, an denen die Pinguine sterben, weil sie keine Abwehrkräfte dagegen haben. Oder sie zertrampeln die spärlichen Flechten, die im Sommer in der Antarktis wachsen. Auch Müll könnte zum Problem werden. In der Kälte verrottet nicht einmal ein Salatblatt.

Um das Schlimmste zu verhindern und die noch unberührte Antarktis vor dem Massentourismus zu schützen, müssen strenge Verhaltensregeln eingehalten werden.

Eine Ohrenrobbe hat sich in einer Plastiktüte verheddert, die ein Tourist liegen ließ.

Die Zukunft des weißen Kontinents

Werden die Pinguine auch in Zukunft so unbekümmert über die Gletscher rutschen können? Die Antarktis ist der Forschung vorbehalten und muss vor der Gier der Menschen geschützt werden.

Die gierigen Weltmächte könnten eines Tages das empfindliche ökologische Gleichgewicht auf dem weißen Kontinent gefährden. In der menschenleeren Eiswüste verbergen sich nämlich Reichtümer, die jeder mächtige Staat gern für sich allein hätte. Das ist für die Antarktis eine große Bedrohung.

Die großen Fischereiunternehmen füllen ihre Netze schon jetzt raffgierig mit Krabben, Tintenfischen, dem Riesen-Antarktisdorsch, dem Schwarzen Seehecht und dem antarktischen Kabeljau. Weil sie das Meer überfischen, also zu viele Meerestiere aus dem Wasser holen, berauben sie Pinguine, Robben und Wale ihrer Nahrung. Wenn diese Tierarten aber nicht mehr genug zu fressen finden, sind sie vom Aussterben bedroht.

Der Meeresboden wiederum birgt große Erdölvorkommen. Im Moment ist es wegen der Kälte und des Packeises noch zu teuer und zu gefährlich, mit Bohrinseln mitten im windgepeitschten Südpolarmeer Erdöl zu fördern. Aber wie lange noch?

Der Antarktisvertrag besagt, dass der weiße Kontinent nur für die Forschung genutzt werden darf. Es wäre furchtbar, wenn in der Antarktis eines Tages die Umwelt verschmutzt würde oder sich gar eine Ölpest ereignete. Anderswo auf der Erde passiert das schon heute viel zu oft. Die Antarktis aber steht unter besonderem Schutz, und das muss auch so bleiben. Der französische Forscher und Arzt Jean-Louis Étienne hat einmal gesagt, die Antarktis sei »kein Kontinent für die Menschen, sondern ein Kontinent für die Erde«.

Vielleicht hat die Antarktis eines Tages eine eigene Flagge.

BILDNACHWEIS

Alle Fotos in diesem Band stammen von Francis Latreille, mit Ausnahme folgender Bilder:

Vorsatz © Philippe Bourseiller

S. 26–27 © Philippe Bourseiller

S. 28–29 © Rick Price/CORBIS

S. 32 © Kharbine-Tapabor

S. 36–37 © Philippe Bourseiller

S. 38–39 © Bettmann/CORBIS

S. 50–51 D.R.

S. 54–55 © Philippe Bourseiller

S. 56–57 © Philippe Bourseiller

S. 58–59 © Look at Sciences

S. 60–61 © Look at Sciences

S. 72–73 © Frans Lanting/CORBIS

DANKSAGUNG

Unser Dank geht an Bruno Baudry, Etienne Bourgeois, Philippe Bourseiller, Bernard Buigues, Pascal Briard, Valéry Chevelkine, Guillaume Clavières, Jean Collet, Cyril Drouhet, Jean-Louis Etienne, Jean-François Gallois, Olivier Gilg, Brigitte Huard, Clémence, Laurent und Martine Latreille, Christian de Marliave, Alain Mingam, Brigitte Sabart, Hélène Santener, Marc Simon, Romain Troublé und François Vikar.

Danken möchten wir auch den Labors Central-Color und Urgence-Images.
Die Fotos in diesem Buch wurden mit einer Canon-Fotoausrüstung aufgenommen.